눈 길

님께

드림

〈여섯 번째 시집〉

눈 길

엄 원 용 시집

도서출판 조은

책머리에

글을 쓴다는 것이 얼마나 어려운 작업인가! 또 어렵게 쓴 글이 마음에 들지 않을 때는 얼마나 괴로운가! 그래도 시를 쓴다. 독자들이 보면 시 같지 않은 시를 썼다고 할는지 모르나, 그저 시가 좋아서 내 나름대로의 시를 쓴다.

몇 날 밤을 지새우면서 70평생 아직도 다 성숙하지 못한 내 자신을 시로써 되돌아보며, 인생을 생각하고, 희로애락의 삶을 생각하면서 고뇌하는 그 작업은 어쩌면 행복한 일인지도 모른다.

여섯 번째 시집을 낸다. 늘 그렇지만 내놓으면서도 부끄럽기 그지없다. 더 좋은 시를 쓰려고 노력할 것을 다짐하면서 끝까지 읽어주신 분들에게 감사를 드린다.

2016. 5 松韻房에서 餘民 씀

차례

제3부 아, 대한민국 • 79

제1부 별빛에 어두운 내 영혼을 씻고

어둠의 고독에 잠긴 내 무거운 영혼아,
한 송이의 외로운 들꽃처럼, 그 고독의 언저리를
저 하늘 고운 별빛으로 헹궈내면, 내 가슴에도
맑고 고운 영혼의 꽃들이 피어날 수 있을까.
꽃처럼 아름다운 이야기를 속삭일 수 있을까.
어두운 밤하늘에, 내 영혼 저리 반짝일 수 있을까.

숲속에서

너무 좋아라.
이 냄새들

풀냄새, 나무냄새, 햇빛냄새 …
그냥 두고 가기에는 너무 아까워라. 2014. 5

선암사의 봄

선암사 뒤뜰 설선당 담장 너머로
가지 뻗은 고졸(古拙)한 매화나무 서너 그루

겨우내 인고(忍苦)의 소망이 이루어져
가지마다 꽃망울 송이송이 맺혔네.

새 생명으로 눈을 뜨는 고운 자태여!

스님들은 어디 가고
경내(境內)는 고요 속에 들려오는 독경 소리 뿐.

드디어
사모의 정(情)이 한 잎 한 잎
연붉은 꿈으로 곱게 피어나는구나.

2014. 4

꿈 길

어느 날 꿈속에서
한 마리의 나비를 따라 황홀한 꿈길을 걸어갔었네.
온갖 꽃들이 피어 있고 새들이 저마다 노래를 불렀네.
이것이 천국인가 싶어 눈을 떠보니
캄캄한 어둠밖에 보이는 것이 아무것도 없었네.
순간 지옥으로 온 것이 아닌가 싶었네.
지난밤 성경 한 구절이 떠올라
마음 한구석을 바람처럼 슬쩍 스치고 지나간 것뿐인데
아마 그것이 마음에 걸렸었나 보네.

2015. 9

장에 가는 길

아버지와 함께 장에 간 일이 있었다.
의평리에서 옥계를 지나
광천 장까지는 고개를 서너 개를 넘어야 했다.
한 고개를 넘고 나서
다리가 아프다고 그 자리에 서 있으면
아버지는 이내 내 손을 잡아끌고
고개를 몇 개 더 넘어야 장터가 보인다고 하셨다.
울며 따라 나선 장터길
내 인생도 그 고갯길처럼 몇 굽이를 넘는구나.
한 고개 넘으면 또 한 고개
지금도 아버지는 고개를
몇 개 더 넘어야 장터가 보인다고 하신다.

2013. 11

어머니의 옷장

어머니가 그러셨다
우리 집 정원에 목련가지 자라듯이
옷장도 자라고, 싱크대도 자라고,
신발장도 자꾸 자라나야
이제는 맨 꼭대기 넣어둔 신발을
꺼내기가 너무 어려워야

나도 어머니만큼 나이가 들었다.
정원의 목련은 아름드리 나무로 자라고
옷장도 자라고, 싱크대도 자라고,
신발장도 자꾸 자라고 있었다.
이제는 맨 꼭대기에 넣어둔 신발은
까치발을 서야 겨우 꺼낼 수 있었다. 2014. 11.

연 극

추석도 한참 지난 시월 어느 날
명절에도 소식이 없는
자식들이 궁금해서
서울로 큰 맘 먹고 올라간 아버지

큰 아들이 서울역에 마중 나와서
모두 들 잘 있으니 걱정하지 마세요.
저는 연출을 맡고 있구요.
둘째는 주인공으로 일하고 있구요.
셋째는 극단에서 아직 보조를 하고 있어요.

그렇구나, 아버지를 닮아서
모두 연극들을 잘 하고 있구나!

집으로 내려간 아버지
그 아내에게
"모두 잘 지내고 있다오."☆

모두 나를 닮아서

연극들을 아주 잘 하고 있어요. 2015. 10

☆ 주세페 토르나토레 감독의
Stanno tutti bene Everybody's Fine

눈 길

어머니를 땅에 묻고 오던 날
날씨는 얼어붙어 너무 춥고,
싸락눈까지 날려 잡아먹을 듯이 사나웠다.
돌아오는 길에 개울은 얼음으로 덮여 미끄러웠고,
1월 보리밭의 겨울 푸른 싹들은
눈 속에 모습들을 감추고 흰 세상이 되어 있었다.

보이지 않는 하얀 벌판 위에
정신없이 발자국 하나씩 찍으며 길을 내면
내 뒤에서는 어머니가 계속 따라오고 있었다.
뒤돌아보면 어머니는 보이지 않았다.

길과 길이 갈라지는 지점에서
하나의 길을 뒤로 한 채
다른 하나의 길은 다시 마을로 이어지고
공허한 가슴은 자꾸 뒤를 돌아보면서
마을로 통하는 길로 들어서야만 했다.

겨울 차가운 언 땅속 깊이 홀로 묻혀
이승과 저승으로 서로를 갈라놓는다는 것이
무엇인지를 생각하기에는 너무 어린 나이에
그저 어느 저 편 눈이 날리는 희뿌연 하늘 아래
그 차가운 곳에 홀로 남겨두고 온
아홉 살 어린 마음으로 마을로 돌아왔다.

상실의 마을은 처음으로 낯설기만 한데,
불과 몇 시간 전에 일어난
그 놀라운 사건들은
모두 흰 눈의 정적 속에 파묻혀 버리고
아무 일도 없었던 것처럼 그저 고요하기만 했다.

정말 매정하게 달라진 것은 하나도 없었다.
보이는 집과 나무들도 그대로 있었고
여느 때처럼 집집마다 굴뚝에서는
저녁연기가 모락모락 피어오르고 있었다.

집으로 들어가는 길 입구에서
다시 한 번 뒤를 돌아보고, 또 돌아보면서
발자국은 떨어지는 눈물을 계속 따라오고 있었다. 2014. 1

병문안

여름 내내 푸르던 잎들이
한 줄기 스치고 간 가을바람에
어느새 주홍빛으로 물들었네.

한 줄기 바람 불어오면
서러운 눈물로 또 이별 하겠네.

소리 없이 떨어져 사라지는 나뭇잎
어쩌면 우리 인생 닮았네.

하느님, 어찌 하나요
이 가을 다 지나 겨울이 오면
우리 누님도 낙엽처럼 떠나야 하나요.

2015. 11

별빛에 어두운 내 영혼을 씻고

저렇게 아름다운 것이
이 세상에 있다는 것을 예전에는 미처 몰랐었다.
어느 날, 내 마음에 어두운 안개가 잠시 걷히고
말없이 반짝이는 하늘의 별들을
바라보는 순간, 눈은 반짝이며 부시었다.

어렸을 적에 어머니는
늘 별을 바라보며 별을 잡으라고 하셨다.
그걸 어떻게 잡느냐고 물으면, 밤하늘의 별들은
아름다운 영혼에만 잡힐 거라고 하셨다.

언젠가 들에 핀 한 송이 꽃을 보았다.
홀로 핀 한 송이의 들꽃
고독의 밤에 홀로 찬 이슬에 얼굴을 맑게 씻고
밤이면 몰래 반짝이는 저 수많은 별들과
맑고 고운 이야기들을 나눈다고 하셨다.

어둠의 고독에 잠긴 내 무거운 영혼아,
한 송이의 외로운 들꽃처럼, 그 고독의 언저리를
저 하늘 고운 별빛으로 헹궈내면, 내 가슴에도
맑고 고운 영혼의 꽃들이 피어날 수 있을까.
꽃처럼 아름다운 이야기를 속삭일 수 있을까.
어두운 밤하늘에, 내 영혼 저리 반짝일 수 있을까. 2013. 3

우리집 감나무

어머니가 나를 낳을 때 심어 놓았다는
저놈의 감나무는 꼭 나를 닮은 것이
한창 때는 주체할 수 없이
붉은 감이 주렁주렁 달리더니,
어느덧 70년이 지나
내가 병원에 드나드는 동안
저도 어디가 아픈지 꽃도 안 피고
몸통의 일부는 썩어 떨어져 나가고
마른 가지들조차 보기에 안타까운 것이
바람에 겨우 힘겹게 견디고 있는 모양이다. 2015. 10

종소리☆

더 큰 소리로 울어라
몸뚱이가 부서지듯
그러면
데엥 뎅－ 데엥 뎅－
슬프게 운다.

그러다가 자지러지면
흐어엉－ 흐어엉－
흐느끼듯 운다.

되도록
깊고 길게 울어라.
데 엥 뎅－ 데 엥 데 엥－
흐어엉－ 흐어엉 엉－
반복하여 작아졌다 커졌다

더 크게
계속해서

끊어질 듯 말듯
큰 소리로 가는 소리로 울어라.

실컷 울고 나면
지상에서 하늘로
올려 퍼지는 통곡은 끝이 나고
한은 실타래처럼 풀어지고
아픔도 끝이 나고
울음마저 흩어져 남지 않는다.

비로소
허공에
홀로 덩그마니 매달린
아, 텅 빈 가슴
적막 중에 찾아오는 이 허탈감 2015. 3

☆ 5집 ‘종소리’를 수정한 것임

빈 소주병

쓰레기통 옆에 아무렇게나
버려진 빈 소주병 주둥이에서
빈 바람소리가 났다.
막장 같은 어둡고 좁은
골목길을 걸어가던 서러운 주인공이
발에 걸린 빈 병 하나 냅다 차버린다.
대굴대굴 골목길을 굴러가다가
시멘트 담장에 부딪히면서 멈춰 선다.
속을 다 비운 소주병에서
깨져 금이 가는 아픈 소리가 났다.
서러운 주인공보다 더 서러운
이리저리 차이고 깨어지는 빈 소주병
비틀거리는 새벽 한 시쯤 …
옆에서 찌그러진 헌 쓰레기통이
그 아픔을 멀거니 쳐다보고 있다.

2013. 7

입 춘

아침부터 눈이 내립니다.
눈이 가까이 와서 자꾸 말을 건넵니다.
서울 어느 구석 쪽방촌에는 아직도
연탄불이 꺼져 추위에 움츠리고 뜬 눈으로 지새우고 있는 아이들이 있어요.

유리창문 너머로 눈이 또 말을 건넵니다.
그런데 곧 입춘이랍니다.
지금 산골 어느 할머니 할아버지네 집에는 장작불 지핀
따뜻한 안방에 이불을 펴고 도란도란 입춘 이야기를 나누는 집도 있어요.

입춘이 오면 우리들은 곧 떠날 겁니다.
파릇파릇 새싹이 나고, 서울 어느 구석 쪽방촌에도
찢어진 창살 사이로
따스한 봄볕이 들어오라. 얼른 자리를 비켜주고 떠나고 싶어요.

2015. 1

가난에 대하여

가난이 무엇인가를 잠시 생각한다.

누덕누덕 기운 옷을 입고 다 떨어진 신발을 끌며
양혜왕(惠王)을 찾아간 장자를 생각한다.
초라하기 그지없는 장자에게 왜 그리 피폐하냐고 물었다.
선비로서 도덕을 알고도 행하지 않는 것이 피폐한 것이지,
기운 옷을 입고 헌 신발을 신은 것은 피폐한 것이 아니라고 했다.

족한 줄 알고 가난을 노래하는 사람은 그 누구인가!
또, 한 개의 도시락밥과 한 잔의 표주박 물에도
부유함을 아는 이는 또 얼마나 행복한가!

2015. 8

어느 노숙자의 독백

세상은 우리를 보고 꿈을 꾸라 하는데
그 꿈은 어디에도 찾을 수 없었네.
낯선 거리에서도, 혹한 추위 속에서도
매일 나의 파랑새를 찾아 나섰으나
나의 파랑새는 이미 죽어버렸어.

세상은 온갖 것으로 서열을 매기고
그 서열 속에서 발버둥 치다가
꿈을 찾던 나의 파랑새는 힘없이 죽어버렸다.

가끔 나를 생각해 본다.
"나였던 나는 어디로 갔는가."☆
이제는 나는 내가 아니다.

지금도 세상은 우리를 보고
꿈을 가지라고 소리를 치고 있는데
꿈은 안개처럼 사라지고
나의 파랑새는 영영 살아나지 않네.

2014. 2

☆ 네루다의 시 구절

고운 꽃잎이여

정의여
붉은 피에서 솟아나는
고운 꽃잎이여,
너는
진실의 울타리 안에서
피어나는 해맑은 양심의 꽃이다.

해맑은 양심의 꽃
그 꽃이 자라나지 못하고
피어나지 못하고, 피었던
고운 꽃잎마저 땅에 떨어지면
정의는 죽고, 진실도 죽고
그러면 몇 사람은
또 아픔 가슴에 흐느껴 운다.

그대여,
고운 꽃잎이 떨어지면

누구는 살고 누구는 죽는다.

아는가.
정의는 죽어 냄새가 나고
불의는 비린내가 나는데
법은 살아있다고 노래를 하고 있다,

정의여
고운 꽃잎이여,
이제는
양심의 꽃으로, 고운 꽃잎으로
오래도록
영원히 피어있어라.

2014. 7

고운 꽃잎이 떨어질 때☆

자유여
붉은 피에서 솟아나는
고운 꽃잎이여,
너는
진리의 울타리 안에서
피어나는 해맑은 양심의 꽃이다.

해맑은 양심의 꽃
그 꽃이 싹이 트지 못하고
자라나지 못하고
어쩌다 피어나는
고운 꽃잎마저 땅에 떨어지면
자유는 죽고, 진리도 죽고
그러면 수많은 사람들은
아픔 가슴에 흐느껴 운다.

어둠이여

독재여,
고운 꽃잎이 피어나지 못하면
누구는 살고 누구는 죽는다.

북에는 아직도
꽃잎은 싹조차 틀 수 없고
어둠 속에서 진실은 죽고
불의는 사방에서 비린내가 나고 있는데
내가 곧 법이라고
모두 힘차게 박수치라고 한다. 2014. 5

☆ 이 작품은 앞의시 『고운꽃 잎이여』를 수정한 것으로, '북한 인권문학상'을 받은 작품임

누이에게

누이야, 우리 베일을 벗고 속살 환히 드러나 보이는 알몸으로, 알몸으로 너와 나, 어둠의 문을 지나, 비밀의 문을 빠져나와, 이제 환한 대낮의 세상 밖으로 알몸을 드러내 보이자. 실오라기 하나 걸치지 않은 비밀의 그 속살까지 훤히 드러내 보이자. 부끄럼이 없는 그 아름다운 속살을 환히 드러내 보이자.

누이야, 베일로 가려진 몸은 항상 불의의 냄새가 난다. 세상을 썩히는 냄새가 난다. 이제는 베일로 몸을 가리지 말자. 속살 드러나 보이는 부끄럼이 없는 알몸으로 향긋한 냄새의 그 속살로 훤히 드러내 보이자.

이제 어둠은 가거라. 비리와 부정과 불의는 가거라.

아는 자들이여, 가진 자들이여, 이제 그만 알몸을 드러내도 부끄러움이 없는 수도승처럼 되어라. 베일로 몸을 가리지 말고 속살 훤히 드러나 보이는 아름다운 알몸으로, 수도승처럼 깨끗한 알몸으로 보여라.

이 세상 찬란한 햇빛 속으로, 누이야, 너와 나 모두 어둠의 베일을 벗고 찬란한 햇빛 속으로, 햇빛 속으로 나오자. 부끄럼이 없는 아름답고 깨끗한 알몸으로 밖으로 나오자.

2014. 10

추석 전야

시골의 밤은 적막하여라.
오늘 따라 달은 높이 떠서 휘영청 밝구나.

텅 빈 방안에 혼자 누워 있으려니.
퇴색한 창가에 날아와 우는 새도 반갑고
마루 밑에서 우는 도둑고양이도 내 식구가 된다.

이 희미한 적막 속에
멀리서 들리는 자동차 소리, 웃음소리
저 아래 어느 집에선 누군가 찾아온 모양이다.

왜 그걸 모르겠는가. 오늘이 추석 전야인 것을.
보고 싶은 사람은 가고, 올 사람은 없는데.

매일 자고 일어나는 반복되는
이 텅 빈 공간이 너무 쓸쓸하구나.
부질없이 부는 바람은 벌써 가을을 알리고

창문에 부딪치는 나뭇잎이 나의 안부를 묻는다.

잠시 창틀로 바라보던 달마저
이제 떠날 시간이 되었다고 인사를 한다. 2013. 9

남태령 송덕비

옛날 과천 남태령에 송덕비가 하나 서 있었습니다.
욕심으로 얼룩진 과천 현감을
서울로 전송하면서 아전들이 세운 송덕비였습니다.
현감이 잠시 가던 길을 멈추고 포장을 벗겨보았습니다.
비문에는 '오늘 이 도둑놈을 보내노라'[1]고 씌어 있었습니다.
현감이 이를 보고 껄껄 웃으면서 그 옆에 한 줄을 더 썼습니다.
'내일 다른 도둑놈이 올 텐데'[2]
현감이 떠나자 아전들이 기가 막혀 또 한 줄을 보태 썼습니다.
'도둑놈들만 끝없이 오는구나'[3]
어떤 행인이 지나가다 이를 보고 또 한 줄을 더 썼습니다.
'세상에 모두 도둑놈뿐이로구나'[4]

2014. 7

1) 今 日 送 此 盜 (금일송차도)
2) 明 日 來 他 賊 (명일래타적)
3) 此 盜 來 不 盡 (차도래부진)
4) 擧 世 皆 爲 盜 (거세개위도)

매창(梅窓)의 무덤 앞에서

부안읍 중동리 봉덕 공동묘지 서남기슭
비좁은 묘역에 '明媛李梅窓之墓'
묘지 하나 덩그러니 세워져 있네.
늦가을이라 봉분은 황토 흙이 드문드문 드러나고
봉분 덮은 마른 잡초 위로
서글픈 구름만 한 점 말없이 흘러가네.

애별리고(愛別離苦)라 했던가.
세월이 흘렀어도
부안 고을 마당에는 여전히 '梨花雨 흩뿌리고'[1)]
梅窓은 유희경(劉希慶)과 '울며 잡고 이별'[2)]하고 있네.

해마다 '시냇가의 실버들' 휘늘어지고
봄꽃 '시름'을 못 이겨 시들어갈 때
지금도 '오지 않는 임' 소식에
'천리(千里)에 외로운 꿈만 오락가락'[3)] 하고 있나.

'秋風落葉'[4]에 나 지금 그대를 생각하네.
인간사 만남과 이별이 너무 한스럽다 하네. 2014. 10

1), 2), 3), 4) 매창의 '梨花雨 흩뿌리고' 시조의 일부

한산도에서

한산의 고도孤島 바닷가
북쪽으로 흘러가는 흰 구름을 바라보며 무슨 생각을 했을까.
흰 백사장 걸으며 또 얼마나 많은 고뇌의 발자국을 남겼을까.

바닷가에 눈발 날리고 몹시 추운 날 밤, 사나운 파도소리 들릴 때,
늙으신 어머님 생각에 얼마나 시린 가슴 쓸고 보듬었을까.
수루에 홀로 앉아 또 얼마나 긴 밤을 눈물로 지새우며 다짐했을까.

비탈진 언덕에 뿌리내리고 서서, 비바람 거세게 불어와도 조금도
요동치 않고 꿋꿋이 제자리 지키고 있는 저 노송老松들도 보았으리라.

그러기에, 더 높이 더 멀리 오로지 사직을 구원코자
인고의 눈물로 뿌린 씨앗은, 꽃이 피고 아름다운 열매를 맺어,
청사에 길이 빛나는 거목(巨木)으로 우뚝 섰으리라. 2014. 6

동강에서 난고蘭皐를 생각함

구름 따라 바람 따라 정처 없이 떠도는 나그네.
오늘은 동강에서 내일은 청령포로
"이미 서쪽으로 열 세 고을 지나왔건만
이곳을 떠나가기 차마 아쉬워 머뭇거린다."[1)]
서러워라. 이 죽장(竹杖) 또 어디로 향해야 하는가.
밤은 처량하고 삿갓에 빗긴 달그림자만 애처롭구나.

폐족(廢族)의 한(恨)과 죄책감을 떨칠 수 없어
오로지 조선의 선비로 그 양심을 잃지 말자
걸음 걸음마다 다짐하고 또 다짐했으리라.
발은 부르트고 몸은 천 갈래 만 갈래 찢어지는 아픔
긴 세월을 걸어오면서 가슴 아픈 애증의 물결을
오직 칼날 같은 일념으로 삭이고 가라앉혀
마치 운명인 양 모든 것 초월한 심사(心思)일 게다.

가을바람이 일면
창밖에 낙엽 날리는 소리 스산하게 들리고

구름 속 반달 하나 그림자 지며
창문 틈으로 슬쩍 스쳐 지나갈 때면
텅 빈 방안에서 또 얼마나 잠을 설쳤을까.

사나운 눈발 날리고 몹시 추운 날 밤
어느 집 담장 너머로 도란거리는 소리에
어찌 "아득한 고향 생각" 한 번쯤 아니 했겠는가.
"천지 산하가 모두 천추의 나그네이어라"[2)]

인고의 세월, 얼마를 더 방랑해야만 하나.
"객창 외로운 등불 아래 또 한 해를 보내네."[3)] 2013. 7

김삿갓 "思鄕"
1) 西行己過十三州 此地猶然惜去留
2) 雨雪家鄕人五夜 山河逆旅世千秋
3) 玉館孤燈應送歲을 인용함

서설瑞雪 2

어렸을 적
날마다 어둠을 깨우면서
은은하게 들려오던 새벽 종소리

그 소리 속에
누군가 하늘 우러러
조용히 두 손 모아 무릎을 꿇고
하늘 문을 열던 뜨거운 기도

오늘도 멀리서 은은하게 울려 퍼지는.
사랑의 그 종소리

누군가의 기도가
이제 이루어졌나보다
하늘에서 펄펄 함박눈이 내린다.

2013. 12

성탄카드

밤하늘 별들은 빛나고
흰 눈은 소리 없이 내린다.
교회 지붕은 흰 이불을 덮고
창문만 제 빛을 환히 드러내고 있다.

마당 앞 늘어진 소나무는 가지마다
주렁주렁 반짝이는 별들로 빛나고
루돌프 붉은 사슴코
성탄 할아버지의 선물 보따리

오, 거룩한 밤
내리는 눈 사이로 보이는
저 빛나는 별빛

오, 거룩한 밤
온 세상 고요 속에
하늘에는 영광
땅에는 평화가 고요히 내리고 있다.

2013. 12

제2부 커피를 마시며

이제는 그대도 가고, 가난의 아픔도 가버리고
한 해도 기우는 가을바람 빗소리에 섞여
그 시절 그리움이 그대로 남아 있음을 추억한다.

행복한 슬픔

밤과 밤을, 또 몇 년을 거듭하면서 우리가 무엇을 기다린다는 것은 때로는 전혀 이루어질 수 없는 허망한 그림자인 줄을 잘 알면서도 그 알 수 없는 희망의 긴 끈이 우리를 꽁꽁 묶어놓을 때가 있다.

그리고 기다리는 것, 그것은 항상 즐거운 환상 속에서
가망 없는 줄을 알면서도 가망을 바라고, 언젠가는
함께 아름다운 꽃을 피우고 찬란한 노래를
부를 수 있다는 행복한 슬픔을 가져보는 것이다. 2012. 5.

봄, 강변에서

꽃잎이 지고
꽃 잎 하나 바람에 날려 보내고 마는 봄인데,
눈꽃이 휘날리면
서러운 가슴을 한번 스치고 지나가는 강변인데…

바람이여, 봄바람이여, 휘젓고 가지 마라.
이 가슴에도 허공에 바람이 분다.

바람이 불면, 봄바람이 불면
꽃잎은 연분홍 꽃비로 쏟아져 내리고
강 물결은 꽃 그림자 지우며 야속히 흘러간다.

꽃잎이 지고
꽃 잎 하나 바람에 날려 보내고 마는 봄인데,
바람에 눈꽃 휘날리면
서러운 가슴을 한번 스치고 지나가는 강변인데
괜스레 가슴만 휘젓는구나.

2015. 4

사월의 노래

꽃피는 봄 사월 돌아오면☆
복사꽃 살구꽃 마을마다 환히 물들어라.
꽃향기 풀잎향기 물씬 풍기어라.

실바람 불어오고 꽃잎이 우수수 지면
복사꽃 살구꽃 눈꽃으로 훨훨 날리어라.

복사꽃 살구꽃 꽃비로 다 날려도
온 세상 고운 풀빛 그대로 남아
나무마다 초록빛 그늘 짙게 물들어라.

꽃피는 봄 사월 돌아오면
복사꽃 살구꽃 마을마다 환히 물들어라.
꽃향기 풀잎향기 물씬 풍기어라.
외로운 내 영혼
꽃바람 꽃비 속에 곱게 물들게 하여라. 2015. 1

☆ 박목월 시 '망향'의 첫 구절

훈 풍

5월의 바람은
나풀나풀 나부끼는 여인의 긴 머리칼이다.

넘실넘실 춤을 추며 스치고 지나가면
바람 냄새, 꽃 냄새
문득 코끝으로 보드라운 살 냄새가 난다.

마을 앞 벌판을 지나 달려가면
잔잔하던 푸른 호수 위에
넘실넘실 긴 악보를 그리고 사라지는 훈풍.

이 산 저 산 굽이굽이
굽이져 우는 뻐꾹새 고운 소리.
산새들도 신이 나서 곡예를 한다.

2014. 6

화무 花舞

올해도 여의도의 벚꽃은 어김없이 피었다.
어느 해 함평 축제의 날
하늘을 어지럽게 날던 수만 개의 나비 떼들

춤을 추며 내려오는 나비들아!

어느 날 커피 향 위에 얹힌 생크림처럼
유리창 밖으로 하얀 그리움이 쏟아져 내린다.

얼굴에 연분홍 꽃물 화사하게 물들던 날
창밖의 두어 그루 벚나무에도
수만 개의 나비들이 너풀너풀 춤을 추었다. 2015. 4

꽃지의 석양

꿈꾸는 저 먼 바다 끝
하늘과 맞닿은 그 곳에
석양빛이 눈부시다.

바다는 언제나
타오르는 노을 속에서
밤의 황홀한 꿈을 꾸고 있다.

추억은 항상
그리움에 붉게 타오르는 것
언제 보아도
꽃지의 석양은 꿈속에 황홀하다.

이 밤이 끝나고
내일이 와도
바다는 다시 붉은빛으로 다가와
그대 황홀한 꿈을 꾸게 하리라.

2014. 6

벚꽃 휘날리던 날

연분홍 벚꽃이
봄바람에
흰 눈처럼 쏟아져 내리던
4월 어느 날
그대 화사한 얼굴에도,
흰 저고리, 푸른 브로치 위에도
연붉은 꽃잎은 피어나고 있었네.

지금도 그 때처럼
수많은 꽃잎들이
우수수 추억들을 날리고 있네.

바람난 처녀들처럼
하늘하늘 춤추며 내려오는 사랑아
나풀나풀 나는 나비들아
가슴을 덮어오는 그리움아

푸른 아스팔트 위에도
화사한 그대 얼굴 위에도
바라보는 그대 사랑의 눈빛에도
꽃잎은 사랑의 춤을 추고 있었네.

2014. 4

커피를 마시며

오늘처럼 비가 구성지게 내리는 날이면
서러운 가을비 소리에 커피 한잔 가운데에 놓고
나 조용히 그대를 생각한다.

춘천 어디에선가 이름 없는 다방으로 비에 쫓겨 들어와
커피 한 잔 가운데에 시켜놓고 유리창으로
빗기여 부딪히는 빗소리를 재미있게 들으며
가난을 노래하던 그날의 행복을 추억한다.

이제는 그대도 가고, 가난의 아픔도 가버리고
한 해도 기우는 가을바람 빗소리에 섞여
그 시절 그리움이 그대로 남아 있음을 추억한다.

혼자서 커피를 마시며 향기 속에서
가난한 행복이 여전히 녹아 있음을 추억한다. 2015. 11

봄날은 간다

벚나무 사이사이
바람에 꽃비 휘날리는
그리운 계절아

눈 한 번 치켜들면
앞산 진달래도
흐드러지게 피어났었는데

사랑했던 사람도
기억해주던 사람도
꽃비 따라 가버리고

이제 사월이 와도
그냥 그렇게
봄날은 간다.

연두빛 세월도
그립던 계절도
또 그렇게 가버린다.

2015. 5

대전 부르스

「잘 있거라
나는 간다」

어느 유행가의 가사처럼
이별은 언제나 서러운 것.

밤차는
언제 다시 온다는 기약도 없이
참으로 무정하게 떠난다.

「세상은 잠이 들어
고요한 이 밤」
강 건너 불빛만이
무심히 창가에 흔들린다.

말없이 흐르는 눈물 속에
사랑은 불빛에 반짝이고.

차창에 주르르 흘러내리는
차가운 가을비

운명은 늘 이렇게 약속한 것.
누군가는 떠나고
누군가는 남는다.

잘 있어라.
차창 밖으로 흔들어대는
서러운 손길

점점 멀어져 가는 새벽열차.

2012. 11.

아름다운 것들

잘 있거라.
멀리 사라지는 산들아
한낮의 고요 속에
정겨운 이야기로 얼굴을 맞대고 있는
작은 마을들아
마을을 장식하고 있는 이름 모를 나무들아

멀리서 이어져 내려오는 반짝이는 강물줄기
지금 기차는 막 푸른 산모퉁이를 돌아
긴 기적 소리를 남기며 작은 철교를 지나고 있다.

순간순간 차창으로 스쳐가는 아름다운 풍경들
누군가는 떠나도 추억은 그대로 남는다.

잘 있거라.
아름다운 것들아
스치고 지나가는 사랑하는 것들아

2014. 1

채송화

길가에 잡풀 사이로
채송화 꽃 한 송이 날아와 활짝 피었다.
색깔이 꽤 요염하다.
오후에 바람이 지나가며 슬쩍 흔들고 가더니
저녁에는 어둠이 찾아와 아예 안고 가버렸다. 2015. 10

나 그대를 사랑하네

나 그대를 사랑하네
그대의 눈동자와 붉은 입술을 사랑하네
그대의 눈물을 사랑하네
그대의 달콤한 언어도 사랑하네
눈물과 언어는 내 속에서 녹아
붉은 핏물로 뜨겁게 흐르고
그 뜨거운 피는 꽃이 되어
가슴 아픈 꽃으로 피어나네

그래, 네가 나를 울리네.
그대의 눈동자와 붉은 입술로
그대의 눈물로 나를 울리네
달콤한 언어로 나를 울리네

나 그대를 사랑하네
그대의 눈동자와 붉은 입술을 사랑하네
그대의 눈물을 사랑하네

그대의 달콤한 언어도 사랑하네
아픈 가슴으로 사랑하네

2015. 10

따스한 그리움

창밖에 초겨울 함박눈이 내린다.
내리는 눈발 속으로
강 건너 아파트 불빛이 희미하게 반짝인다.

보고 싶은 사람들이 있어도 볼 수가 없을 때
강 건너 불빛들을 바라보면
따스한 저 불 빛 속 어딘가에 살고 있으면 좋겠다.

어디서 사는지
어떻게들 사는지
이젠 기억조차 희미한데,
눈 내리는 강 건너 아파트 불빛은
참으로 따스하고 아름답구나.
저 불빛 속 어딘가에 잘들 살고 있었으면 좋겠다.

보고 싶어도 보지 못할 때
누군가를 진실로 그리워한다는 것
강 건너 불빛만큼이나
따스한 그리움이 밀려오는구나.

2014. 12

사랑은 떠나는 것

거울처럼 해맑은 당신
마지막 찻잔을 앞에 놓고
가야 한다고 하네요.

꼭 그래야만 하느냐고 물으니
그래야 된다고 하네요.

그러면
며칠만 더
머물렀다 가면 안 되겠느냐고 물으니
빙그레 웃고만 있네요.

언젠가
사랑은 떠나는 것이라고
말한 적이 있는 당신.

나는 압니다,

당신이 왜 떠나야 하는가를
왜 아픈 가슴을 안고 가야 하는가를

밖에는 가을바람 몹시 스산한데
그 가는 곳이 어디인지 잘 아는데
그래도 가야 한다고 말하네요. 2015. 9

새벽달

밤새 먼 길을 달려오신 당신
내 잠든 창가에 걸쳐 있네.

한참을
방구석 여기 저기 비추어 보고
뒤척이는 내 모습을 바라보다가

내일 다시 오겠다 하고 떠나가네.
아쉬운 발길로 또 돌아서 가네.

2014. 3

석별 惜別

한 마디
말은 없어도
저 마음도
내 마음과 같겠거니

어서 들어 가아-
잘 가아-

발길
멀어질수록

떠나는 이와
보내는 이의
저 아쉬운 손짓을 보라. 2011. 6

함박눈

고향에도 지금
함박눈이 내리는가.

집집마다 저녁연기 자욱한
낡은 초가지붕 위에도
마당가 휘늘어진 소나무 위에도
마을 앞 벌판 얼어붙은 개울가에도
그리움이 내리는가.

어느 집 들창문으로
새어나오는 초저녁 따스한 불빛
철부지 아이들의 조잘대는 소리
저녁이면 동네 어머니들이
두들기는 다듬이 소리에도
그리움이 내리는가.

어느 날 밤
부질없이 창가에 홀로 서서
강 건너 희미한 불빛 사이로
쏟아져 내리는 함박눈을 바라보면
가슴에 희미한 안개 같은
그리움이 내린다.

2015. 2

우산 속에서

비가 오는 날에는 그 때 그 일이 생각난다.
둘이서 우산 하나로 비를 피하며,
열여덟 살, 철학 같지도 않은 인생이야기로
화려하게 꽃피우며 걷던 시절이 있었다.
지금 생각하면 참으로 우스운 이야기들이지만
그러기를 몇 해를, 또 몇 해를 훨씬 더 살아
어느덧 화석이 되어버린 내 영혼아
지금도 비가 오는 날에는 인생은 늘 둘이서
우산대 하나를 받쳐 들고
서로 비를 피해주며 걸어가는 것이라고
지금도 그때 그 이야기와 똑같은 이야기를 나누며
이것이 마치 인생철학인 양 되풀이하며 걸어간다. 2012. 6.

춘신 春信

안동 병산서원 앞 낙동강 지류천은
벌써 푸른 봄 소리를 내고,
계곡 따라 줄지어 서 있는
버드나무 물푸레나무도 기운을 차렸다.

나그네 아침 밥상에도 봄이 찾아와
달래무침 냉잇국이 올라오고

주인집 아주머니
오늘은 춘분이라
겨우내 띄웠던 메주로 장을 담그겠단다.

밥상머리에서 슬쩍 들려주는 말이
강 건너 언덕배기에 봄 쑥이 돋으면
아낙네들 모여서 손놀림도 분주하단다.

2013. 3

눈 꽃

산골의 겨울밤은 너무 적막하여라.
밖에는 눈이 소리 없이 내리고 있다.
간혹 굴뚝새라도 날아가는가.
'푸드득' 소리가 귀를 기울이게 한다.

밤은 어둠속에 깊이 잠들고
텅 빈 방안에서는
나 홀로 살아있는 양 부스럭댄다.
군불을 때던 이 집 늙은이는
옆방에서 벌써 잠이 든 모양이다.

내일 아침이면
쌓인 눈에 집 앞
등 굽은 소나무 가지가 꺾이고
장독대는 흰 머리를 뒤집어썼겠다.
앞산 나무, 나무 나뭇가지에
피어 있는 눈꽃들도 볼만하겠구나.

2013, 12

가을 편지 2

잎 다진 앙상한 나뭇가지에
가을밤 찬 서리 내리면.
남겨 놓은 세월을 바라보면서
우리는 지난날을 아쉬워한다.

추운 겨울이 다가오기 전에
바람이 흩날리는 낙엽조차도
그리움의 노래가 되고
사랑하고 이별하는 우리의 삶이
아름다운 사랑의 이야기여라.

뜨거운 입술로 못 다한 사연을
한 줄의 편지로 써서
고운 책갈피에 나뭇잎 하나
사랑 노래를 적어 보낸다.

2012. 12

제3부 아, 대한민국

세상은 우리를 보고 꿈을 꾸라 하는네
그 꿈은 어디에도 찾을 수 없었네.
낯선 거리에서도, 혹한 추위 속에서도
매일 나의 파랑새를 찾아 나섰으나
나의 파랑새는 이미 죽어버렸어.

온 누리에 빛을 발하라

- 광복 70주년 기념일에 부쳐 -

일찍이 홍익인간(弘益人間)의 이상을 품고
질곡의 오천년 역사 속에서도 굽히지 않고
백두에서 한라까지
줄기차게 뻗어내려 와 세워진 나라
자랑스러운 우리 산하, 내 조국이여!

광복 70주년
땀과 눈물로 뿌린 씨앗이 잉태하여
이제, 울창한 거목(巨木)으로 자라나
꽃이 피고 아름다운 열매를 맺고 있나니
오천만 민족의 피와 땀이
합심(合心)하여 이룩한 보람이어라.

이제 웅비(雄飛)의 날개를 펴고
더 높게 더 멀리 바라보며
온 세상을 향해 포효(咆哮)하거라.
유유히 흐르는

한강의 푸른 물줄기는 온 세계를 누비고
백두의 기상이며 한라의 정기(精氣)는
온 세계 어둠을 밝히는 찬란한 빛이 되어라.

길이길이 빛나거라.
수수만년 영원히 빛나거라.
날로 날로 새로워져 창대케 되어라.

자유와, 정의와, 사랑이 넘치는 나라
온 세상이 모두 부러워하는 나라
위대한 나라.
사랑의 조국 코리아, 우리의 대한민국이여! 2015. 5

조국 사랑의 노래

사랑의 노래가 속되다 할지라도
나 그대를 노래하네.
그대의 사랑을 노래하네.
그대의 향기를 노래하네.

어두울 때가 있으면
밝을 때도 있나니
염려하고 때로는 슬퍼해도
그대 사랑은 변함없어라.

이제 온 민족이
한 마음 하나가 되니
영원하리라.
나의 조국이여, 나의 사랑이여!

사랑의 노래가 속되다 할지라도
나 그대를 노래하네.

그대의 사랑을 노래하네.
그대의 꽃과 향기를 노래하네.

2014. 8

내가 꿈꾸는 나라

지금도 나는 그 나라를 꿈꾸고 있습니다.
꿈속에서 본 아주 조그마한 나라.
별들이 쏟아지는 밤하늘은 정말 아름다웠습니다.
땅에서는 고운 새싹들이 돋아나고
꽃밭에선 아름다운 꽃들이 다투어 피어나던
아주 작은 꽃씨만한 전설 같은 나라
그 속에는 아름다운 이야기들로 꽉 차 있었습니다.

꿈속에서 본 그 나라는
사람들은 모두 꽃이 되고 별이 되었습니다.
별과 꽃들로 가득한 세상
사랑의 노래로 가득한 아름다운 세상
나도 그 속에서
꽃이 되고 별이 되고 싶었습니다.
참으로 멀고 먼 아름다운 나라였습니다. 2007. 8.

해운대에서

해운대 앞의 바다는 참으로 아름답다.
광한대교가 자랑스럽게 가로지르고
푸른 물결 너머로 오륙도가 보인다.

더 멀리로는 대마도
더 가면 일본이란다.

살다보면 속상한 일이 하나 둘이 아닌데
생각할 때마다 치솟는 분노
전쟁은 자기네들이 일으켜 놓고
분단은 우리가 되었다.

삼한과 신라, 그리고 고려에 걸쳐
해안가를 노략질 한 것이 몇 번이던가
임진, 정유왜란 7년도 모자라
일제 36년 아니, 40년도 더 되는 긴 세월을
휘젓고, 들쑤시고, 걷어가고, 훔쳐가고

돌아다니며 짓밟아 폐허로 만들어 놓고
그 바람에 남북은 분단이 되고
우리는 지금 허리가 잘려 고통을 받고 있다.
이제는 독도가 자기네 땅이라고 우긴다.

억장이 무너지고 통탄할 일이다.
'참으로 못된 민족' 이라고
'참으로 상종 못할 민족' 이라고
큰 소리라도 치고 싶다.

대한해협 너머로 돌멩이 하나 던져본다.

2013. 5

인간 사육장 飼育場

사랑하는 인민들이여!
너희는 잠잠히 입을 다물고 있어라.
내가 하라고 하면
그저 묵묵히 하기만 하라.

하늘을 나는 파랑새의 꿈은 꾸지도 말아라.
누군가 쏘아대는 '땅' '땅' 두어 방 총소리에
파랑새는 날아보지도 못하고 땅에 떨어져 죽는다.

사랑하는 조선의 인민들이여!
나는 너희를 진정으로 사랑한다.
얼마나 행복하냐?
집을 주고, 옷을 주고, 먹을 것을 주지 않느냐?

동물원의 동물들을 보아라.
거기 어디에 근심 걱정이 있더냐?
거기 어디에 불평이 있더냐?

오직 평화의 세상 그대로다.

너희는 잠잠히 입을 다물고 있어라.
집을 주고, 옷 주고, 먹을 것을 주고, 길러준다.
배가 고파도 조금 참아라.

인간 사육장, 파라다이스 공화국 만세!

2014. 7

또 얼마를 더 기다려야

어느 날 남과 북이 만나 서로 얼싸안고 지난 세월의 이야기를 눈물로 쏟아 놓는다면 다시 60년의 세월이 흐르겠지요. 또 그렇게 북쪽의 이야기를 하루씩 듣는다면 다시 60년의 세월이 더 흐르겠지요.

그런데, 그 긴 세월의 이야기를 다 듣지 않아도 좋아요. 모든 것들은 다 덮어버리고, 어느새 그렇게 흘러 버린 강과 산, 그저 백발이 성성한 서러운 얼굴 한 번 보는 것만으로도, 부르짖던 그 음성 한 번 들어 보는 것만으로도, 밤마다 모진 설움 눈물로 씻던 그 거친 손 한 번 잡아보는 것만으로도, 딴 사람이 되어 만나도 좋아요. 그건 세월 탓이니까요.

아, 서러운 역사여!
그렇게 또 그렇게 만나면 얼마나 좋은가요. 또 얼마를 더 기다려야 되는가요.

2010. 6.

그날이 오면 1

너와 나, 문 박차고 나와
맨 발로 맨 발로 달려나와 너무 기뻐 통곡하며
만나는 사람마다 얼싸안고 너풀너풀 춤을 추것다.
때로는 실성도 하것다.

미움의 티끌들은 모두 압록강 한강에 흘려보내고
한을 씻고, 앙금 씻고, 분단의 때를 씻고
새 신랑과 신부 되어 새 집에서
고운 얼굴, 환한 얼굴로 새 살림 차리것다.
사랑의 꽃도 피우것다.

그간 남과 북
무겁게 짓누르던 녹슨 가슴 깨끗이 씻어버리것다.
이제는 가벼운 마음으로 살아가것다.

그 날이 되면 아, 그래서 하나가 되면
어머니 아버지 형 아우 조카들

모두 한 집에 모여 조잘대것다.
그때는 지난날을
부끄러워하며, 다짐하며 오순도순 살아가것다.

겨울 한철 사라졌던 뻐꾸기 날아오고
집집마다 돌담 너머로 복사꽃 살구꽃도 환히 피것다.
언덕마다 늴리리 풀피리 소리도 들려오것다.

2014. 8

그 날이 오면 2

그날이 오면
통일의 그날이 오면
손에 손에
태극기를 들고
한라에서 백두까지
거리로
쏟아져 나오는 인파들
지축을 울리는
만세 소리

어떤 이는 기절하고
어떤 이는
미쳐서 날뛰고,
가슴 움켜지고
허우적대고,

어떤 이는

서로
엉켜 붙어
곱사춤을 추고

주저앉아
엉엉 울다가

터질 듯한 감격
그리고
주르르
흐르는 눈물
눈물만 주르르 흘리겠지. 2014. 9

북에도 봄볕이

봄이 성큼 다가오고 있다.
만물이 기지개를 켜고,
땅은 생명에 문을 열어 주려하고 있다.
겨우내 땅 속 깊이 잠들었던 씨앗들이
껍질을 뚫고 나갈 준비를 한다.
풀도 나무들도
뿌리에 올려 보내라고 독촉을 하고 있다.

봄은 항상 이렇게 천지를 개벽한다.
정확하게 움직이는 이 놀라운 섭리
맹위를 떨치던 추위도 눈보라도
다가오는 봄 앞에서는 맥없이 굴복한다.

추위여, 차가운 바람이여,
세상을 억압하고 낙망케 하는 것들이여,
이제 모두 물러가거라.

따스한 봄볕이여,
승리의 깃발을 높이 들고 달려오너라.

지금 북에는 아직도
언 땅에 찬바람이 불고 있다는데
아직도 겨울 추위에 떨고들 있다는데
봄볕이여, 봄바람이여
북으로 북으로도 달려가거라.
어서 추위와 차가운 겨울바람 몰아내고
절망도 희망으로 바꾸게 하여라.
이제껏 꾸지 못했던 봄꿈도 꾸게 하여라.
그리운 봄볕이여, 봄바람이여 !

2014. 2

오늘도 근심 속에

며칠 전에, 어처구니없게도 세월호 참사가 벌어졌다.
부정과 비리가 얽히고설키어 터진 일이라고 한다.
비판세력들은 때를 만난 듯 목소리를 높이고,
친북, 종북 세력들은 촛불시위 준비를 한다고 한다.
노조는 이때다 하고 지난주부터 깃발을 올리고,
공무원들은 권위주의 안일주의로 나 몰라라 하더니
낙하산 인사가 이제야 수면 위로 떠올랐다.
야당은 툭하면 '거룩한 국민의 이름'으로 심판을 하고,
여당은 돌아가는 형편을 아는지 모르는지
집안싸움으로 제 편 가르기에 여념이 없다.
북에서는 심심하면 스커드 미사일을 펑펑 쏘아 대고
남에서는 아베가 독도문제로 전쟁도 불사하겠다고 한다.
그 숱한 아픔 속에서도 슬기롭게
5천년 역사를 면면히 이어온 찬란한 우리 민족
오늘도 국민들은 근심걱정으로 보내야 하는가. 2014. 6

악플 달기

이것은
실명이라는 이름 밑에 숨겨진
보이지 않는 어둠의 그림자.
그 떠도는 언어의 자유 속에
악플의 날카로운 칼날들이 번뜩인다.

조선시대 망나니들처럼
칼날이 번득이며 춤을 추면.
누구는 암살범이 되고
누구는 사기꾼이 되고
누구는 순간 짐승이 되어 죽어갔다.

한 명 두 명 합세하여
열 번 스무 번씩 난도질을 하면
망나니는 깔깔 웃고.
악마는 재미있다고 히히거린다.

그러면 한쪽에서는
또 한 사람이 죽어간다.

2013. 10.

지금도 누군가 소설을 쓰고 있다

지금도 누군가
어두운 어느 구석에서 소설을 쓰고 있다.
사실이 아닌 것을 사실인 것처럼
두어 마디의 언어로 누구는 살리고
누구는 죽이는 소설을 쓰고 있다.
허구 속의 주인공으로 만들어놓고
누군가는 살리고 누군가는 죽인다.
아무리 사실이 아니라 해도
각본은 이미 주인공으로 되어 있다.

소설을 쓴다는 것
그것은 아주 쉬운 일이다.
몇 명이서 썩은 냄새나는 어느 구석에서
서로 얼굴을 맞대고 눈을 반짝이며
되어가는 소설 줄거리를 즐기면서
글자 몇 자만 짜 맞추면 멋진 소설이 된다.
그리고 군중들에게 퍼뜨리고 읽히면 된다.

그러면 누군가는 어쩔 수 없이
정말 그 소설 속의 주인공이 되어간다.
세상은 그 소설을 읽고, 주인공을 읽고
거짓 속에 허구가 진실인 양
소설을 감상하고 분노하고
때로는 악다구니처럼 돌을 던진다.

주인공이 소설 속에서 갇혀
빠져 나오지 못하는 날이면
소설 밖의 하늘은 노랗게 변하게 된다.
세상은 모두 악마가 되어가고 있었다.

지금도 누군가
세상 어두운 어느 구석에서
악마 같은 더러운 소설을 쓰면서
어둠을 즐기고 있다.

2014. 11

주구 走狗

우리 집 옆집에 사는 똥개는
험상궂게 생긴 자기 집 주인에게는
늘 꼬리를 살래살래 흔들면서
몸을 굽실거리고 아양을 떤다.
어쩌다가 내가 그 집 앞을 지나가면
내가 뭐 제게 못살게 군것도 없는데
자기네집 식구가 아니라서 그런지
으르렁 대며 잡아먹을 듯 달려드는 것이
꼭 그 집 주인의 일그러진 상판대기 같다.
어떤 사람에게는 지나치게 굽실거리고
누구에게는 사납게 달려드는 것이
어쩌면 주인을 닮아도 너무 닮았다.

2013. 8

고양이

저는 내가 안 보는데서 우리 집 음식을 곧잘 훔쳐 먹으면서도
저가 도둑질 한 것을 모르기라도 한 것처럼
혹 내가 냉장고에서 음식을 꺼내먹기라도 하면
어느새 살그머니 뒤 좇아와 마치 무슨 큰 부정을 저지른 것을
발견한 것처럼 나를 쏘아 본다 그러면 나는
갑자기 등장한 저놈의 그 쏘아보는 눈빛에 순간 놀라 움칠한다.
만약 사람이 진짜 무슨 부정이라도 저지른다면
고양이한테서조차 놀라움을 피하지 못할 것이라고 생각해 본다

2015. 8

과원果園에서

어느 놈은 채 열매도 맺기 전에 꽃으로 떨어지고
어느 놈은 벌레들이 파고들어 병이 들고
어느 놈은 어두운 그늘 구석에서 추위에 떨고
어느 놈은 태양을 모두 받아 튼실하게 익어 가고
이 알 수 없는 과일의 운명.
참으로 견딜 수 없는 것은
이 무지한 운명 앞에 어느 것은
황홀한 빛깔을 마지막까지 다 익게 하고
또 어느 것은 불행하게도
그 붉고 푸른 꿈을 채 펼쳐보기도 전에
힘없이 지고야 마는 슬픈 落果.
이 여름 모두 푸르러야 할 싱싱한 계절에
문득 이 果園에서 생각나는 것은
지난 여름 어느 병원 침대 위에 누워
힘없는 눈빛으로 누렇게 시들어 멀어져가는
어린아이의 누런 얼굴이었다.

2011. 7. 11

메르스라는 괴물

메르스란 괴물이 갑자기 나타나
인간의 영혼을 통째 빼앗아갔다
아무개라는 거룩한 이름 대신
1번 환자, 2번 환자라는 이름이 붙여졌다.

2번 환자가 3번 환자라는 이름을 붙였다.
3번 환자는 다시 4번 환자에게 이름을 붙였다
괴물 같은 이름들이 자꾸 가지를 쳐 나갔다.

이름은
바로 그 영혼의 분신이다.
메르스란 놈이
그의 분신을 통째 빼앗아갔다.

이름이 없으면
영혼은 죽고 그도 죽는다.

2015. 6

한라산

넓고 푸른 바다 위에
우뚝 솟았구나.
한라여!

은하수와 맞닿았다 하여
한라라 하였나.

수수만년
세월은 유구하게 흘러 흘러도
그 장한 기개는 변함없구나.
흰 구름 상서롭다 봉마다 감싸 돌고
푸른 빛 골마다 찬란히 빛난다.

산아, 한라산아
우리의 산 한라산아,
이제 그 손길 북으로 북으로 뻗어
아, 저 곳 백두까지 이어져

두 손 잡고
민족의 푸른 노래 외쳐 부르자.
배달의 장한 노래 함께 부르자.

민족의 터전 이 거룩한 땅 위에
자유와 평화의 노래 외쳐 부르자.
수천 년 간직해 온 우리의 꿈이
겨레의 노래되어 부르게 하자.

산아, 한라산아
우리의 영산 한라산아,
영원히 푸르거라.
아름답거라.

2012. 11.

그 마을의 전설

- 조천읍 북촌리 앞을 지나며 -

나뭇잎 짙게 물드는
4월의 아득히 맑은 하늘가엔
흰 구름만 말없이 흘러가고
멀리 잔잔한 푸른 물결 저 너머로
은빛 고기 떼 반짝이는 제주의 섬마을
4.3 사태가 일어난 지 어언 60여 년
언제 그런 서러운 사연이 있었던가.
귤나무 이팝나무 사이사이로 보이는
북촌리 마을은 죽은 듯 평화롭구나.

한 때는
거짓이 진실처럼
진실이 거짓처럼
서로 다투던 시절
소문만큼이나
사랑이 그리웠던 마을이었다.

이제는 아득한 옛날이야기가 되어
핏빛 상처 제 스스로 아물게 하고
다시는 서러운 이야기
떠돌게 하지 말자고 다짐했었다.

한적한 오후
그리운 우리 님아,
이제는 평화로운 그림 속에
고이 잠들어 있어라.

그 서러움 이제야 밝혀져
사랑과 용서와 화해의 그 위대함이
이제 평화의 밑거름이 되리라.

바닷가 우거진 나무숲에
물새 한 마리
너도 그 전설을 아는가
서럽게 울고 있구나.

2012. 9.

마네킹 그리기

우리는 가끔 착각 속에서
사람이 아닌
마네킹을 사람으로 그릴 때가 있다.

사람들이 모두 미인이라고 부를 때
눈은 아주 커야 되고
코는 오뚝 솟아야 되고
팔과 다리는 팔등신이어야 한다.
그래서 성형외과를 찾는다.

그런데 사실 그것은
사람이 아니라
마네킹일 때가 많다.

그런데도 사람들은 그것을
미인이라고 말하고
아름답다고 말을 한다.

우리가 열심히 그림을 그릴 때
사람과 마네킹을 구분하지 못하고
열심히 그림을 그린다.
생각할 줄 모르는
마네킹을 열심히 상상하고 그린다.

2011. 7.

아프니까 사람이다

실컷 울어라.

해 줄 수 있는 말은 이것 뿐.
무슨 말로 위로가 되랴

아픈 사람은 몸에 스치는
실바람 한 가닥에도
가슴이 아프다.
고달파서 울고
서러워서 운다.

작은 버러지 한 마리도
꿈틀거리는 아픔이 있거늘
비틀거리는 인생
이 흔들리는 세상 살아가기에
어찌 아픔이 없겠는가.

아프니까 사람이다.
사람이니까 아프다. 2012. 5

서러운 냄새들

곰팡이가 핀
축축한 벽지 위에서,
썩는 쓰레기더미 위에서 나는
퀴퀴한 냄새.

어두운 뒷골목
노동이 끝난 후
무거운 발걸음으로 돌아오는
먼지 묻은 몸에서 땀에 전
서러운 냄새.

세수조차 안 한 어느 여인의
눈물로 얼룩진 얼굴에서 나는
고독한 냄새.

제발 살아만 다오.
병든 아이 부여잡고

하염없이 흘리는
어머니의 가슴이 섞는 냄새.

혼자된 아이의
슬픈 눈물, 눈물의 냄새….

2010. 12

어느 작은 나무의 독백

푸르던 내 심장이 누렇게 타들어간다. 매연, 황사, 가뭄으로 무겁게 가라앉은 숲. 숲속에 내려앉는 두려움의 정적은 나의 심장을 마구 짓누른다. 그리고 그 무서운 고통은 맑고 푸른 영혼들을 어두운 나락의 세계로 끝없이 빠져 들게 하고, 잎을 피우고, 꽃을 피우고자 하는 아주 작은 한 가닥의 소망조차 절망으로 휩싸이게 한다.

오늘도 숲에는 황색 눈발이 날려 태양을 가리고, 낮인데도 어둠이 짙게 내리깔리고 있다. 어찌 보면 숲은 참으로 평화로운 세상이다. 그런데, 이 평화 속에 죽음의 먼지가 날리고 있다. 이것은 우리에게는 숨 막히게 하는 고통이다. 병든 아이의 창백한 얼굴처럼, 숲속의 꽃과 풀과 나무들을 시름시름 신음하게 하고, 누렇게 시들게 하고, 도시의 어떤 나무는 한 가닥 가로등 불빛을 타고 비틀거리며 마지막 서러운 노래를 부르고 있다.

아, 맑은 공기여, 깨끗한 물이여, 따스한 햇볕이여,

푸른 공기가 그립다. 푸른빛이 그립다. 푸른 냄새가 그립다. 이제는 과거 맑고 푸르던 시절은 한낱 추억이 되어 그리운 영상으로 떠오를 뿐, 어쩌면 저 황색 눈발은 이 모진 겨울의 추위를 이기지 못하게 하고, 기다리는 봄이 오기 전에 절망은 숲의 심장을 멈추게 할지도 모른다.

작은 나무는 혼자서 독백한다. 무엇이 우리를 이렇게 슬프게 만드는가? 무엇이 우리를 시들게 만드는가? 과학인가? 인간의 탐욕인가? 인간은 결코 우리와 하나가 될 수 없는가?

어둠속에 서러운 이야기들이 숲속에 차가운 독백의 눈발로 날리고 있다.

2014. 3

도시의 밤

현란한 불빛은
도시의 밤을 늘 슬프게 한다.

그 눈부심 속에
거리를 방황하는 고독한 사람들

곧게 뻗은 도로 위
불빛 속으로 질주하는 자동차

그 질주 속으로
길을 잃고 헤매는 인파들

어느 카페에서
모퉁이 술집에서
새어나오는 불빛 속으로
비틀거리고
흐느적대는 괴로운 함성들

도시의 밤은 깊어갈 수록
늘 이렇게 황폐하고
현란한 불빛은
우리를 더욱 어둡게 한다.

2014. 10

숫자 속에서

오늘도 하루가 숫자와 함께 찾아왔다. 아침 5시 30분에 일어나 40분에 세수를 한다. 세수는 단 10분. 6시에 빵 2쪽과 커피 1잔을 마시고, 옷을 걸치고 정확히 6시 30분에 집을 나선다. 집에서 정거장까지 걷는 데는 16분. 4분쯤 기다렸다가 137번 버스를 탄다. 32분이면 회사에 도착. 자리에 앉아 내 컴퓨터에 비밀번호 296547을 치고 나면, 7시 30분에 40분간 4명이서 화상 회의, (02) 4057-3841 거래처에 전화를 하고, 10시 30분에 방문할 것을 약속 잡는다. 다시 1358번 버스를 타고 가다가 거래처 가까이 은행에 들러 카드 5735번으로 부족한 돈 370,000원을 뽑고 거래처 53빌딩 16층 19호실을 노크한다. 거래처와 5,245,0000원에 1건 성사시키고, 같이 나와 사무실 근처에 있는 식당 2번 테이블에 앉아 식사 2인분을 시키고 16,000원을 지불했다. 다시 회사 사무실에 들렀다가 공문 3건을 처리하고, 정확히 6시에 퇴근. 137-1번 버스를 타고, 출근길보다 조금 늦게 38분 만에 집에 도착했다. 우편함에서 25,000원이 찍힌 세금고지서를 꺼내가지고 15층으로 올라와

386973 도어록을 열고 방에 들어가 소파에 쓰러지고 나서 42인치 TV 9번, 13번. 28, 78번, 105번을 여러 채널을 차례로 돌리다가 재미가 없어 010-1234-5678 번으로 친구에게 전화를 걸어 26분 동안 식설객설 이야기를 나누었다. 그러는 동안에 배가 고파 5,000원짜리 자장면을 하나 시켜 5분 동안에 들이키고 잠이 들어버렸는데. 시계가 새벽 1시 25분을 가리키고 있었다.

2013. 2

제4부 세월 앞에 서서

그대의 사랑도
그대의 정의도
그대의 진실과
그림자끼지도 그리워라.

지금은 황혼녘
세월의 끝자락에 홀로 서면
지나간 그 모든 것이 그리워라.

아름다운 한 송이의 꽃

- 손녀 서현이에게 주는 시 -

너는 일찍이
하나님의 영광을 위해
영원 전에 택함을 받았구나.

그 이름부터 상서럽고 어질다 하여
서현(瑞賢)이라 하였다.
하나님이 내려주신 은혜 가운데
복되고 풍성한 은사와 놀라운 능력이
너에게 있으리라.

디모데의 믿음이 외조모 로이스와
어머니 유니게 속에 있었던 것처럼
밤낮으로 너를 위해 기도한
네 부모와, 조부모,
외조부모에게도 있는 줄을 아노라.

믿음의 씨앗이 싹이 터

아름다운 꽃을 피우나니
"너는 샤론의 수선화요
골짜기의 백합화로다"(아2)
그 모양은 아름답고
그 향기는 온 세상을 진동하리라.

넘치는 은혜 가운데
지혜롭고 건강하게 자라나라.
맑고 곱게 자라나라.
아름다운 꽃을 피우고,
향기로운 열매를 풍성히 맺어라.

온 세상 사람들에게
빛이 되고, 소금이 되어라.

"독수리가 날개치며 올라감 같을 것이요,
달음박질하여도 곤비하지 아니하겠고,

걸어가도 피곤하지 아니 하리로다"(사40)

"두려워하지 말라. 내가 너와 함께 함이라.
놀라지 말라. 나는 네 하나님이 됨이라.
내가 너를 굳세게 하리라.
참으로 너를 도와주리라.
참으로 나의 의로운
오른손으로 너를 붙들리라"(사41)

네가 하나님을 부를 때 응답하시리라.

주 예수 그리스도의 은혜와
하나님의 극진하신 사랑과
성령님의 감화 감동하심과 교통하심이
영원히 너와 함께 하실 것을 기도한다.

2013. 9

다시 불러보고 싶은 그 이름

새벽 일찍 일어나 어머니 아버지 곤히 주무시는
깊게 팬 굴곡의 거친 얼굴, 내 손으로 한번 만져 보고
그 이름 한번 조용히 불러보았으면 좋겠네.

아침 밥상에 풋나물 한 잎 한 잎 뜯어 수저에 얹어놓으면
나를 보고 빙그레 웃으시던 얼굴 한 번 더 보았으면 좋겠네.

얘야, 답답하구나. 가을 구경하고 싶다고 하시면,
예, 어머니 어서 제 등에 업히세요.
여기가 제가 아장아장 걸을 때,
어머니 제 손 붙들고 걷던 그 길이라고
붉게 물든 단풍길
여기저기 신바람이 나서 보여드렸으면 좋겠네.

늙으신 아버지 부축하고 아버지 좋아하시던 그 느티나무
잎 다 진 아래에도 앉아보았다가,
동네 한 바퀴 돌며 덩실덩실 춤을 추어봤으면 좋겠네.

눈 내리는 겨울, 아궁이에 군불 뚝뚝 지피고
아버지 어머니 이불 속 한번 쓱 훑어보고
편히 주무시라고 자리끼 한 그릇 놓아드렸으면 좋겠네.

그 이름, 다시 한 번 불러보았으면 좋겠네. 2013. 7

누군가가 이렇게 말했다

기차 안
옆 좌석 앉아 있던 누군가가 나에게 말했다.

– 예전에 어머니가 그러셨다.
너도 늙어봐라.
자식 중 어느 자식 안 아픈 놈이 있나

서울로, 부산으로
역마살이 끼어 떠돌다가
어느 낙엽이 무수히 지는 날 돌아와 보니
나도 어느덧 중년이 넘고
비로소 생각나는 내 어머니였다.

어머니는 자취도 없어지고
아, 너도 늙어봐라.
자식 중 어느 자식 안 아픈 자식이 있나
이 말 한 마디만 맴돈다.

지금 살아 계시다면
아, 살아 계시다면
어머니, 나 때문에 얼마나 아프셨느냐고
이 말 한 마디면 족할 텐데 –

옆 좌석 앉아 있던 그 사람
잘 가라 말 한 마디 남기고 내려버렸다. 2013. 11

아버지의 뒷모습

왜 그렇게 초라하셨을까.
그렇게 당당하시던 우리 아버지
어느 날 갑자기
돌아서는 아버지의 뒷모습은
어느새 60이 되고 70이 되시니
아, 우리 아버지가
옛날의 그 모습이 아니시었네.
좀 더 당당하셨으면 했었는데
허리가 굽을 대로 굽어
그렇게 안 된다고 하시었네.
이제 나도 아버지만큼 되었나보네
예전의 아버지처럼
허리가 굽었다고 하네.
나도 아버지를 닮아가려나 보네. 2015. 7

그리워지는 것들

가끔씩은
그리워지는 사람들이 있습니다.
어디에서 어떻게들 살고 있으며
어떻게 변해 있을까?

밭이랑 흙 내음이 좋아지고
푸른 산 솔향기도 그리워집니다.

아마 늙었나 봅니다.
무심히 지나쳤던 것들이
이제야 그리움으로 떠오릅니다.

아마
무척이나 바쁘게 보냈나 봅니다.

2015. 8

엽 서

그리운 이에게 엽서 한 장 쓰네.
먹고 자고 일어나는 일상적인 일이지만
아직 아침 이슬 두어 방을 떨구며
새벽 발걸음 움직이고 있다고 쓰네.

꽃물들이던 세월이 눈물겹다고 쓰네.
그리고 뒤뜰 서럽게 피어있던 벚꽃들이
간밤 불던 바람에
우수수 다 쏟아지고 말았다고 쓰네.

꽃이 예쁘다고 느끼는 순간은
그리 길지 않더라고 쓰네.

봄날은 아득히 멀어지고
벌써 머리에는
하얀 서리가 내린지 오래라고 쓰네.

‘인생은 그날이 풀과 같고
그 영화가 들의 꽃과 같구나.’[1)]

오늘 성경 한 구절 읽었다고 쓰네. 2015. 11

1) 시편 103편 15절

밤을 새우며

밤이 꽤 깊었나봅니다.
창밖에는 가을바람이 불고,
마지막 낙엽 날리는 소리가 들립니다.
이불 뒤척이며, 뒤척이며
떠오르는 생각대로 한참을 따라가다 보면
그 길은 끝없이 이어집니다.
그러다가 어느 곳에 문득 멈춰 서면,
고향의 마을은 한낮의 햇빛에 졸고,
어렸을 때의 친구들이 발가벗은 채 달려옵니다.

밤이면, 어머니, 아버지
그리고 할머니가 점점 더 그리워집니다.
일찍 세상을 떠난 누님이 너무 그립습니다.
일찍이 몰랐던 모두 사랑하던 사람들이었습니다.

삶은 늙어야 안다고 합니다.
너무 멀리 했던 인생도 아름답고

되돌아보면
눈물과 한숨 속에도 사랑이 있었습니다.

더 사랑해야겠습니다.
더 저물기 전에 사랑할 것들이 너무 많습니다.
우리 집 아파트 주위에 둘러 서 있는
느티나무도 눈여겨 두어야 하고
집 앞으로 흐르는 강물 줄기도 더 사랑해야겠습니다.
이웃집도, 그 이웃집의 이웃집도 사랑해야겠습니다.

새벽입니다.
아직도 창밖에는 가을바람이 불고
사랑방에서는 아버지의 기침소리가 먼 데서 들립니다.
새벽잠이 없으신가 봅니다. 2013. 10

환승역에서

오늘은 말복과 입추의 중간지점.
이 여름과 가을의 환승역에서
사람들이 부지런히 갈아탈 준비를 하고 있다.

오늘 아침에는
매미 울음소리에 섞여 풀벌레소리가 들리고
칸나, 샐비어, 맨드라미, 해바라기들은
마지막 태양을 불태우고 있다.
모두 지난여름을 찬란히 장식한 것들이다

이제 곧 매미는 나무 위에서
사랑의 노래를 마지막으로 부를 테고
코스모스 국화와 고추잠자리는
쓸쓸한 가을바람을 기다릴 것이다.
모든 것이 여름의 가장자리에서 다가오는
가을을 맞이하기 위한 위대한 작업들이다.

또 눈 내리는 겨울이 기다리고 있을 것이다.
그러면 또 어떤 이들은 지난 한 해와
낙엽이 지는 창밖을 내다보며
성큼 다가오는 새해를 바라보고
또 한 번은 깊은 사색에 잠길 것이다.

2014. 8

옷 벗기

목욕을 하고
새 옷으로 갈아입었다.

창가에 서서 밖을 내다본다.
하늘은 청아하고 신선하다.

정원의 나무들은
초겨울 바람에 마지막 한 잎까지
남기지 않고 옷을 벗는다.

모두 무거운 짐들을
하나씩 하나씩
홀가분히 내려놓고 있는데
아내는 초겨울 추위가 매섭다고
옷을 더 껴입으라고 한다. 2013. 12

유리창

소설(小雪)도 얼마 남겨놓지 않은 아침
소리 없이 첫눈이 내린다.

부엌에서 엄마가 '야, 눈이 내린다.'

방에 있던 아빠도 아이들도
모두 거실로 뛰쳐나왔다.
아빠. 큰 딸, 둘째아들, 셋째 딸
일렬로 서서
거실 유리창에 바짝 달라붙었다.

처음 보는 눈도 아닌데
무슨 생각들을 하느라고
저렇게 나란히 붙어 있을까
아빠. 큰딸, 둘째아들, 셋째딸
날리는 눈은 같아도
눈은 서로 다른 생각들로 바라보고 있다.

무슨 생각들을 하고 있을까

엄마가 아침 준비가 다됐다고 알린다. 2015. 11

겨울 초입에 서서

계절은 서쪽으로 비스듬히 기울고
시간은 그 비탈길로 부지런히 내닫고 있다.
눈부시게 빛나던 햇살은
어느새 힘없이 엷어지고
찬 서리에 붉게 물들어
마지막을 아름답게 장식하던 나뭇잎마저
바람에 쓸려 맥없이 떠나고 있다.

만추다. 떠나는 계절이다.
계절도 떠나고,
푸른 빛깔도 떠나고,
잎새마저 떠난다.

'떠난다' 는 말은 왠지 쓸쓸하여
일찍이 떠난 누군가가 그리워지고
또 누군가 만나서
커피 한잔이라도 마시고 싶은 계절이다.

아득히 먼 옛날이 되어버린
이제는 이름조차도 가물가물한
보고 싶은 사람들을 만나고 싶다
그동안 어떻게 지낸 이야기와
풍성했던 여름날의 이야기와
지나가는 가을의 이야기를 나누고 싶다.
그리고 돌아오는 겨울
그 고독함에 대하여 나누고 싶다.

내일이면 소설이다.
눈이라도 내릴 것 같다.

2014. 12

달 력

선달그믐과 1월 1일 사이에
마지막 남은 종이 한 장
아쉽게 넘기는 순간, 일 년 365일이
도매금으로 훌쩍 넘어가 버린다.

온갖 행복과 서러움과
다사다난했던 일 년의 일들이
12 장의 종이 속에
빽빽이 기록되어 있다가
선달그믐 자정이 되면
보신각에서 울리는 뎅뎅 종소리와 함께
순간 과거 속으로 묻혀버리고
일 년의 초하루가
어느새 눈 깜박 할 사이에
새 얼굴로 우리 앞에 다가선다.

나는 안다
아직은 깨끗한 숫자들이지만
하루하루 검게 물든 지저분한 때들이
째깍 째깍 소리와 함께 긴 꼬리를
이어 달면서 숫자 위로 달라붙는 다는 것을.
그러면 또 한 해가 그렇게 가는 것이다.　　　　　2015. 12

입춘대길

먼 산 눈 녹아
개울물 졸졸 흐르면
앞마당 목련 가지
부스스 눈을 뜨는 소리 들리겠고

찬바람은 잽싸게
멀찌감치 달아나면
이제 훈풍은
서서히 몰려와 입김을 불것다.

입춘은 대길이라
지난겨울 넘기기가 어렵다던
어느 노인 퇴원했다는
반가운 소리도 들리고
누구네 귀여운 아기가
탄생했다는 소식도 들리것다.

2015. 2

시詩

잡힐 듯 잡힐 듯하면서도
도무지 잡기 힘든
푸른 호수에 비쳐진 희미한 그림자.

바람에 불면 부는 대로
물결치면 치는 대로 출렁이다가
잔잔히 가라앉으면 비로소
그 모습을 조금씩 드러낸다.

보이는 대로, 느끼는 대로
누가 '이것은 꽃이야' 그러면
그것은 물 위에서 꽃으로 피어난다.
호수 위에 비친 그림자가 사라질 때
누가 '이것은 바람이야' 그러면
그것은 물 위로 스쳐가는 바람이 된다.

보이는 대로, 느끼는 대로
안개 속에 피어나는 언어의 곡예사
그것은 아름다운 한 송이의 꽃이다. 2014. 5

읽지 않는 시

나는 지금
아무도 읽지 않는 시를 쓴다.

그저 시가 좋아서 시를 쓴다.
컴퓨터에, 스마트폰에 밀려
아무도 읽지 않는 시를 쓴다.
언제부턴가 시는 이제
아무도 거들떠보지 않는
죽은 시체가 되어버렸다.

서글픈 시인이여!
누가 시를 좋아한다고 했는가.
누가 시를 읽어야 한다고 했는가.

컴퓨터에, 스마트폰에 밀려
서글픈 시인은 헌 책상을 앞에 놓고
오늘도 외롭게 시를 쓰고 있다.
아무도 읽지 않는 시를 쓰고 있다.

2015. 7

‘그대’에 대한 변명

나의 시(詩) 속의
‘그대’는 누구인가

눈에 비치고
매일 이름 없이 옷깃을 스치고 지나가는
사랑하는 모든 이들이여
나의 시詩는 ‘그대’를 사랑한다.

진정으로 사랑하노라.
이 세상 어느 누구도
‘그대’는 꽃이 되어야 한다.
꽃이어라.
우리는 모두
아름다운 꽃이어라.

그러니 사랑하는 이여
행복하라.

행복하여라

저 모진 병으로 고통받는 아이도
홀로된 가난한 할머니도
이름도 없는 아주 낮고 천한
그대여,
생각만 해도 눈물이 나는 이들이여,
행복하라.
행복해야 한다.

내가 할 수 있는 것은
나의 시 속에서
'그대' 이름을 불러주는 것 뿐. 2009. 9.

젊은 날의 초상

〈닥터 지바고〉를 보고 돌아오던 날
하늘을 온통 회색으로 덮어 내리고
머리며, 얼굴이며, 어깨며,
온 몸은 흰 눈으로 함박 뒤집어썼다.

문을 열고 들어오면
텅 빈 방안은 언제나 어둡고, 춥고,
이렇게 눈 내리는 날이면
〈라라〉 앞에서 눈을 털고 들어와,
자유와 사랑의 고뇌를 이야기 하던
어쩌면 내가 〈지바고〉라도 되는 양
낭만 같은 상상을 꾸어도 보는 것이었다.

세상은 그렇게 호락호락하지 않았고
슬픔 같은 것이 조용히 밀려오는 밤.

사랑이란 이런 추위 속에서도

누군가 두꺼운 옷으로 어깨를 감싸주며
봄이 오는 것을 참고 기다리는 것이라고
도무지 알 수 없는 세상이야기로
밤새워 전화로 서로 위로를 주고받으면서
온 밤을 꼬박 지새우기도 했었다.

그럭저럭 세월은 흘러
어느덧 50여 년이 흘렀다.

삶이 무엇인가.
사랑은 무엇이며, 또 진실이란 무엇인가.
옛날 그 때처럼
지금도 알 수 없는 이 질문에
모차르트나 슈베르트 같은
고상한 음악을 생각해 보다가,
괴테나 칸트 같은

머리 복잡한 언어들도 생각해 보다가도
또 그 알 수 없는 허망 속에
나도 별 수 없는
그저 그렇게 세월 속에 휩쓸려 늙어가는
그저 그런 인생이라는 생각을 해보는 것이다. 2013. 12

부부 2

서로 마주하고
몸을 비비고
밤낮 서로 체온을 나누면서도
우리는 늘 아쉬워한다.

그러지 마라.
사랑이 별거냐.
하루가 저물면 저녁이 오고
또 아침이 오면
한 상에 밥그릇 두 개 놓고
서로 얼굴 보며
정을 나누어 먹는 것.
그렇게 먹으며 사는 것이다.

우리가 평생 살을 비비고
물고 뜯으며 살아온 것처럼
함께 산다는 것,

기쁨을 함께 엮고, 슬픔은
서로의 몸으로 따뜻이 덮어주는 것.
울고, 웃고, 다투고,
가끔은 염려하고 생각하는 것.
그렇게 살다가
함께 지쳐 쓰러지는 것.

그러다 보면 부부는
어느 하나가
먼저 떠나는 것이다.

2012. 4.

그네 타기

힘껏 차고 올라가라 하더니
이제는 내려가라 하더이다.

올라갈 때는 푸른 하늘이 보이더니
내려갈 땐 검은 땅만 보이더이다.

옆에서 누군가 그러더이다.
내려가다 보면
끝없이 내리닫는
비탈길도 있다 하더이다.

2013. 4.

두 마음

나는 아직도
채우려고 하네.

꿈을 채우고
지갑을 채우고
아직 텅 비었다고
집을 채우려 하고 있네.

그러면서 이제는
비워야 한다고 하네.
하나씩 하나씩 꺼내어
버리라 하네.
그래야
가벼워진다고 하네.

2015. 10

고독의 노래

혼자가 되어 보라
일찍이 느껴보지 못했던
밤의 고독
별들의 반짝이는 눈동자와
그 정적 속에
그들의 속삭이는 소리를 들어보라.

혼자가 되어
고독에 잠길 때
비로소 밤의 대지는
조잘거리는 풀벌레 소리와
새벽 나뭇잎에
도르르 이슬 구르는 소리
마른 나뭇가지에는
고독한 바람소리를 낸다.

그러면
고독은 무겁게
밤을 침묵하게 하고
이 세상은
그 무거운 침묵 속에서
나는 또
내 곁에 있는 모든 사물들을
바라보게 하고 또 사랑하게 한다.

2014. 12

세월의 앞에 서서

찬바람이 불어오는
세월의 끝자락에 홀로 서면,
우르르 몰려오는 그리움아

그대 다정한 목소리도 그리워라
그대의 미소도 그리워라
그대의 눈짓도, 옷차림도 그리워라

그리운 것이 모두
바람처럼 사라져버리고
그 사라진 동산에서
메말라 가는 목소리로 너를 부른다.

이제는
그대의 사랑도
그대의 정의도
그대의 진실과

그림자까지도 그리워라.

지금은 황혼녘
세월의 끝자락에 홀로 서면
지나간 그 모든 것이 그리워라.

2007. 12.

인생 12

인생은 바람과 같은 것
스쳤다 가버리는 그림자
사랑도 미움도 원망도
지나면 모두가 사라져

너와 나 맺어진 사랑도
허공에 흐르는 뜬구름
산 넘고 물 건너 가버리면
다시는 못 오는 인생아.

어차피 헤어져 살아갈
우리의 인생이 아니냐.
이별을 서러워 말아라
때로는 생각이 나겠지

2007. 1

어느 가을날

가을볕이 엷게 기울어져 가는 날이면
창가에 혼자 앉아
붉게 물어가는 낙엽들을 바라보면서
짙은 커피 한 잔 마시는 것도 좋겠다.

아니면
창밖엔 한 잎 두 잎 낙엽은 지는 소리
가을비에 나뭇잎 후드득 후드득 부딪히는
빗방울 소리도 듣고 싶다.

밤이 되어 찬 서리 하얗게 내리고
앙상한 나뭇가지에 겨울이 오는 소리 들리면
전에 읽던 고독한 시 한 구절이 떠올리게 되고

조용히 눈 내리는 창밖을 상상하면서
비발디의 사계 겨울 중 2악장이나
그리그의 솔베이지 송 한 곡쯤 듣는 것도 좋겠다.

또 그렇게 하룻밤을 보냈으면 좋겠다.

어쩌면 인생은 아름다워 슬픈 것
진한 커피 향에 취해 누군가를 생각하게 되고
그 사람은 지금 무엇을 하고 있을까를 생각하고
그 사람이 그리워 가을 편지를 생각해 보는 것도
좋겠다. 2014. 11

세모에 창가에 앉아

옮은 해가 긴 꼬리를 내리고
강 건너 먼 산 너머로 사라진다.
강 건너 아파트 창가에 하나둘 불을 밝힌다.
어둑어둑 저물어가는 한 해를 바라보며
내일을 생각해 본다

이제 내일이면 또 한 해가 다가온다.
그런데 밖은 몹시 춥다.
정말 슬펐던 한 해가 다 마무리를 짓지 못하고
새해를 맞는 것이 아쉽다.

아직도 정신들을 못 차리고
비리를 저지르고, 부정을 저지르고,
불의를 밥 먹듯이 하는 사람들
모두 비로 싹 싹 쓸어내고 싶은데
하나 하나 잡초들을 뽑아내고 싶은데
깨끗한 세상 만들고 싶은데

세상은 언제나 그렇지 못하다.

다 그런 것이 아니다.
이 세상에는 얼마나 좋은 사람들이 많은가
얼마나 사랑하고 싶은 사람들이 많은가
그래서 아직은 살만한 세상이다.
강 건너 불빛만큼 따스하다.

내일 아침에는 찬란한 햇빛이 떠올라라 2015. 12

저무는 길목에서

혼자서 길을 걷는다.
12월 차가운 바람이 옷깃을 스친다.
가로수에 붙어있던 마지막 잎새들이
바람에 맥없이 떨어져 멀리 날아간다.
성긴 눈발 사이로
크리스마스 캐럴이 들리고
기축년 한 해도 이제 다 저물어 간다.

돌아보면 가는 것 어느 하나
그립지 아니한 것이 없는데.
그래서 이별이란 아쉬운가 보다.

'떠난다'
갑자기 이 말 한 마디가 생각난다.
정든 고향을 떠나고,
그리운 친구도 떠나고,
사랑하는 이도 멀리 떠난다.

흐르는 세월조차 가만히 있어주지 않는다.

따지고 보면 모두가 떠나는 것 것뿐인데.
세월에 정이 들면 들수록
'떠난다' 이 말 한 마디가
마치 '마지막' 이별인 양 서럽다.

저물어가는 이 세모에
'올해도 다 갔어'
이 말 한 마디를 들으면서
지나간 날들을 되돌아본다.
떠나는 것들은
모두 사랑하는 것들뿐이다.
그래서 '떠난다'
이 말 한 마디가 더 그립다.

2009. 12.

살다 보면

우리가
하루하루 정신없이 살다보면
어느 날 갑자기 외로워지는 때도 있지

창밖에 가을바람 소슬히 불어오고
낙엽 지는 소리 들리는 날이면
계절은 그 알 수없는 그리움에
괜스레 외로워진다.

인생은 왜 그렇게 빨리 흘러가는지
사랑하고 미워하던 그 모든 일들이
왜 한 가닥 작은 추억으로 남는지.

창문에 으스름 달빛이 비쳐들고
한밤중 잠 못 이루어 뒤척이는 날이면
계절은 알 수없는 그리움에
괜스레 외로워진다.

2014. 9

고백의 찬송시

우리 주님 이 죄인을 너무 사랑하시어
태초부터 계획안에 두시어
주의 크신 사랑으로 죄의 결박 푸시고
영생 얻게 하시려고 오셨네.
나의 영혼 죽음에서 구원하여 주시니
나는 그의 참사랑을 입었네.

주는 깊고 은밀한 일 모두 나타내시고
어두운 데 있는 것도 아시며
밝고 환한 빛 가운데 나를 인도하시어
바른 길로 항상 가게 하시네.
우리 구주 나와 항상 함께하여 주시니
나는 그 빛 따라 힘써 살겠네.

어리석고 교만하여 죄악 속에 빠질 때
성령께서 나의 맘에 역사해
나의 믿음 날로 날로 더하여 주시어

어둔 권세 다 이기게 하시네.
우리 주님 크신 뜻을 모두 알게 하시니
반석 위에 나를 세워 주시네.

나의 믿음 보시면서 기쁘다고 하시고
의롭다고 말씀하심 얻었네.
의심하지 않으면서 믿음으로 구하고
항상 주님 말씀 따라 살겠네.
하나님께 세상일을 모두 맡겨드리고
항상 주만 의지하며 살겠네.

우리주님 크신 사랑 끊을 자가 누구랴
영원토록 찬송하며 살겠네. 2002. 2

후 기

박진영님은 신인 가수를 뽑는 자리에서, "가수에는 아티스트가 있고 스타가 있다."고 말하는 것을 들은 적이 있다. 이것은 시에 있어서도 마찬가지라고 본다. 스타처럼 인기 있는 시인이 있고, 인기는 없으나 문학적인 시를 쓰는 사람들도 있다. 누가 더 좋으냐? 당연히 아티스트도 되고 스타도 되는 시인이다.

나는 늘 시는 쉽게 써야한다고 주장을 해왔다. 어떤 시인은 아티스트는 되는데 스타가 되지 못하는 것은, 대부분 지나친 비유와 상징과 비약으로 해석을 필요로 하는 애매모호한 자기만의 시를 쓰기 때문이다. 당연히 독자와는 거리가 멀 수밖에 없다. 어렵게 쓴다고 해서 아티스트가 되는 것은 아니다. 시를 이해 하지 못하기 때문이라고 말할지 모르나 그건 아니다.

그렇다고 무조건 쉽게 써야 좋은 시가 된다는 것은 아니다. 많은 사람들은 스타를 더 좋아한다. 왜냐? 독자들이 이

해하기가 쉬울 뿐 아니라, 독자들의 감성과 잘 통하기 때문이다. 그런데, 사실 이런 시를 잘 분석해 보면 알맹이가 별로 없는 시들이 많다. 화려한 미사여구로 짜깁기한 느낌을 주는 것들이 많다. 김우창 교수는 "문학은 이념을 넘어 개인적 체험에서 시작해서 공동 가치를 재건하는 것"이라고 말했다. 언어라는 도구를 사용해서 인류 공통의 가치를 예술적으로 승화시킨 것이 시인 것이다.

시는 박진영님의 말대로 아티스트가 되고 스타도 되는 시를 써야 한다. 그러자면 자연 예술성도 있어야 되고, 독자들에게도 읽기 쉬운 것이어야 한다. 시 쓰기가 어려운 이유가 여기에 있다. 예술성에 치우치다 보면 어렵게 되고, 쉽게 쓰려다 보면 대중가요 가사처럼 되어버리기가 쉽기 때문이다.

김우창 교수의 말대로 '인류 공통의 가치 추구'라는 명제 아래, 인간의 삶의 문제를 써보려고 노력했으나 제대로 시가 되었는지 모르겠다. 부끄럽다.

요즈음은 생계를 위해 쓰는 사람은 별로 없을 것이다. 또 시대가 그렇게 만들어주지 않는다. 시인들은 그저 쓰는 순간이 좋아서 쓰는 것이다. 나도 마찬가지다. 시가 좋아서 쓴다. 그런데 이왕이면 아티스트가 되고 스타도 되는 시를 썼으면 좋겠다는 생각을 해본다.

누구에게 시평(詩評)을 부탁하기도 어려워 후기(後記)로 써 대신한다.

2015. 5

눈길

인쇄일 | 2016년 5월 20일
발행일 | 2016년 5월 20일

지은이 | 엄원용
펴낸곳 | 도서출판 조은
발행인 | 김화인
편집인 | 김진순
주소 | 서울시 중구 을지로20길 12 대성빌딩 405호
전화 | (02)2273-2408
팩스 | (02)2272-1391
출판등록 | 1995년 7월 5일 등록번호 제2-1999호
ISBN | 978-89-94329-85-7
정가 | 12,000원